LETTRE

DU CITOYEN

FÉLIX LEPELLETIER,

AUX MEMBRES

DE LA CONVENTION.

L'an 2me de la République.

LETTRE

DU CITOYEN

FÉLIX LEPELLETIER,

AUX MEMBRES

DE LA CONVENTION.

CITOYENS REPRÉSENTANS,

Un des points les plus importans pour la prospérité, et même pour le salut de la république, vous occupe dans ce moment; je veux dire l'instruction publique.

Un plan a été adopté par votre comité, et vous est présenté par lui.

Ce plan, ouvrage de Michel Lepelletier,

est d'une conception hardie, et, par cela même, plus républicain.

Plusieurs membres de la convention, tout en faisant l'éloge des motifs de l'auteur, ont cherché cependant à prouver l'impossibilité de mettre en pratique le plan qu'il avoit conçu.

Parmi les inconvéniens reprochés à cet ouvrage, j'ai remarqué particulièrement ces deux-ci :

1°. L'éducation commune forcée;

2°. Les frais immenses qu'elle entraînoit.

Citoyens, suivez-moi un moment. Je pense que ces obstacles ne subsistent point ou que vous n'admettrez pas leur existence; c'est-à-dire, pour le premier inconvénient, qu'il ne vous arrêtera pas, et que, pour le second, il est sans fondement.

J'entre en matière sur le premier point.

L'éducation nationale commune sera-t-elle forcée ?

Oui; il le faut, parce que c'est la meilleure, la plus courte et la plus sure manière d'établir l'égalité. La seule différence que la révolution ait laissé subsister entre les êtres qui naissent dans la république, est celle de la fortune. La manière la plus sure d'adoucir cette inégalité est l'éducation commune. C'est dans l'enfance, c'est dans le temps où on ignore, où on se refuse même à croire l'existence du vice, que l'on peut travailler avec plus de succès à en inspirer l'horreur. Mais, pour y parvenir, n'allez pas laisser subsister à côté de vos jeunes élèves des objets de comparaison qui, continuellement sous leurs yeux, leur donneront à penser qu'il est un autre moyen d'arriver au bonheur que par le travail. Car vous ne doutez pas que les gens riches, si vous ne forcez pas l'éducation commune, n'y enverront pas leurs enfans; et, par cette espèce de privilège, il existera déjà entre les enfans une aristocratie de comparaison, tandis qu'il faut que les hommes ne jouissent des richesses que, lorsque préparés par l'éducation, loin de les porter aux vices, ils n'apperçoivent en elles que des moyens de prospérité publique.

Pour atteindre à ce but, il faut que, par une éducation sévère et commune à tous, ils soient parvenus à penser, dès leur enfance, que le travail seul est la source des richesses, et que les richesses doivent tourner au bien-être de tous, et non être le cercle étroit des vices corrupteurs de l'égoïsme.

Il faut aussi, dans la république française, que son étendue rend plus difficile à surveiller, que les institutions soient plus sévères ; car vous devez compter sur un relâchement aussi certain dans vos institutions, que celui qui est calculé par le constructeur habile de tout vaste édifice. Ainsi, par cela même que cette loi est trouvée sévère, vous devriez la décréter.

D'ailleurs, vous laisserez toujours subsister un ennemi terrible de l'égalité, si, parmi l'enfance, cette égalité n'est mise rigoureusement en pratique.

Les richesses ne doivent, je le répète, passer dans les mains des hommes que lorsque, prémunis contr'elles par une éducation laborieuse, ils en sentiront le néant, en connoissant toutefois qu'elles ne sont pas sans danger.

Une raison plus forte encore sur ce premier point va vous décider sans doute ; et pour cela, je fais cette question :

Quelle est la classe qui a le plus besoin d'être régénérée ?

Celle des riches, sans doute ; car là est la corruption. Le pauvre, plus près de la nature, peut être égaré quelquefois, mais il veut s'instruire ; et loin de craindre l'éducation forcée, il la demande avec ardeur. Depuis cinq ans elle seule fait son espérance ; elle est, comme le dit mon frère, *la révolution du citoyen prolétaire.*

Il ne restera donc que le riche dont vous voudrez écouter la molesse ; le noble, dont vous voudrez excuser et favoriser les préjugés. Hé bien ! vous devez leur arracher leurs enfans : la Patrie vous l'ordonne ; son salut y est attaché ; et même, si l'humanité perce jusqu'à vous, elle vous criera : *tirez une partie de mes enfans d'entre des mains perfides ; il est des familles marâtres qui égarent mes enfans : rendez-les-moi ; ne les laissez pas enlever à la nature.*

Législateurs ! si on venoit vous dire qu'un homme ayant appris que Mithridate s'étoit accoutumé au poison, veut essayer d'élever ses enfans avec de l'arsenic, les laisseriez-vous à ce père dénaturé ? Hé bien ! les pères qui se refuseront à l'éducation commune, donneront à leurs élèves une nourriture mille fois plus dangereuse que le poison ; car, non-seulement les vices nuisent au corps, mais même ils avilissent l'ame.

Lequel écouterez-vous maintenant, ou du père qui fera valoir la nature pour en étouffer les droits dans ces enfans, ou de ces mêmes enfans, qui n'ont d'autre espoir que dans vôtre courage, et qui vous disent : vous avez flétri nos pères à cause de leurs préjugés et de leurs vices ; sauvez-nous donc de ces mêmes dangers ; forcez-nous à être heureux.

C'est assez et déjà trop pour ce qui regarde le riche et le ci-devant.

Mais l'habitant de la campagne, dit-on, vous allez le priver d'un appui tutélaire ; vous lui enlevez un secours précieux.

Ici je vous arrête, et je vous dis : lisez ce que propose Michel Lepelletier dans son plan.

« Il est une foule d'emplois laborieux, » dit-il, dont les enfans sont susceptibles.

» Je propose que tous soient exercés à » travailler à la terre. C'est la première, la » plus générale occupation de l'homme ; par» tout, d'ailleurs, elle donne du pain ».

Si vous ajoutez à cela qu'il propose d'*établir, par chaque canton, une maison d'éducation*, vous sentirez que l'éloignement sera, au plus, de trois lieues pour les pères et mères.

Alors, qui empêchera, ou même ne vous le dit-il pas en quelque sorte, d'employer les enfans collectivement à l'utilité commune? Celui qui, élevé chez ses parens, ne travailleroit pas à la terre, y travaillera alors, et l'enfant du riche même sera utile à l'indigent.

Ces établissemens, comme il le dit lui-même, *seront sous la surveillance active des pères de famille, et l'éloignement de ces maisons sera tel, que l'austérité de l'institution républicaine ne coûtera pas même un regret à la nature.*

Je passe maintenant au second point.

Les frais immenses que ce plan entraîne pour son établissement.

D'abord, sur qui tombe la presque totalité de la surtaxe ?

Qui en supporte tout le poids ?

Le riche seulement. Oui : Lepelletier vous l'a dit : *c'est une loi tout en faveur du pauvre, que le riche lui-même doit approuver, s'il réfléchit qu'il doit aimer, s'il est sensible.* Je ne vois encore rien dans ceci qui doive vous arrêter.

Mais on dit : il y a trois millions d'enfans dans la république : mettez-les seulement à 100 liv. pour l'entretien, l'un portant l'autre, par an ; cela fait 300,000,000 livres ; et on ajoute : *cela est impossible.*

Hé bien ! moi, voici comme je calcule.

Michel Lepelletier propose vingt-cinq mille écoles primaires, c'est-à-dire une par chaque cent vingt enfans ; car 25,000 multipliés par 120, donnent trois millions, preuve exacte de la division.

Or, je demande si la dépense de cent vingt enfans sera si lourde à porter pour un canton, sur-tout élevés avec l'austère parcimonie qu'il prescrit pour les jeunes élèves ; et l'on voit que la dépense de ces maisons sera très-peu de chose, si on réfléchit aux moyens qu'il propose pour y être employés. Je vais même plus loin : quand il seroit vrai que cette dépense monteroit à la somme de 300,000,000 l. qu'est-ce que cela prouveroit ?

Qu'il en coûte beaucoup plus séparément, par année, à plus des dix-neuf vingtièmes des citoyens de la République pour l'éducation de leurs enfans ; car il n'y a que le citoyen qui possède au-dessus de 10,000 l. de rentes, à qui il en puisse coûter moins par an pour un seul enfant que ce qui est proposé ; et, par le projet, il en a cinq de nourris pour ce qu'il lui en coûteroit pour un seul ; car on doit se rappeler que la surtaxe est seulement d'un cinquième en sus de la contribution foncière. Serez-vous donc arrêtés, parce que le riche seulement paiera un peu plus qu'il ne lui en coûteroit chez lui, et que le célibataire payera sans tirer aucun profit? Qu'importe que cette somme de 300,000,000 liv. soit forte; il est bien constant qu'il en coûte davantage, tous les ans, à la France pour l'éducation des enfans chez leurs parens; ce n'est donc pas augmenter la masse de la dépense pour la République, mais changer seulement la manière de la faire?

Un excellent patriote a proposé un terme moyen contre l'éducation forcée; il vous a dit que l'on pouvoit obliger de venir aux examens publics les enfans soustraits à l'éducation commune; que là, s'ils étoient trouvés instruits dans des principes contraires à la liberté et au salut de la République, ils seroient enlevés à leurs familles, et ces familles punies rigoureusement.

Mais il n'a pas songé que l'on pouvoit élever l'enfant à feindre, et que ce seroit alors ouvrir à la dissimulation et à l'hypocrisie une porte presque certaine et funeste à la République, et que même, faisant de l'éducation commune une espèce de punition, c'étoit en quelque sorte l'avilir.

Ainsi, je me résume : le riche et le noble seuls seront choqués de ne pas élever leurs enfans et de payer une taxe forte à cet effet.

Mais vous arracherez salutairement leurs enfans à la mollesse et aux préjugés.

Mais vous obtenez, par la taxe même, une espèce d'impôt progressif. Les cris des nobles et des riches ont-ils jusqu'ici été écoutés ? heureusement ! non.

Pour le pauvre ou l'habitant des campagnes, loin de se plaindre, il chérira votre institution forcée.

Pour ses travaux, il se servira des enfans, et non-seulement des siens, mais encore de ceux des riches ; car comme je vous l'ai fait remarquer plus haut, rien ne l'empêche, et même Lepelletier prescrit particulièrement les travaux à la terre.

Où sont donc les obstacles maintenant ? ah ! n'en doutez pas ; dans le moment où vous allez poser les bases les plus nécessaires et les plus fermes soutiens de la République, il s'élévera de tous côtés de prétendus obstacles insurmontables ; mais vous vous armerez de force ; vous séparerez courageusement, dans son bas-âge, l'enfant du riche ou du ci-devant, des vices et des préjugés qui, obstruant son enfance, laisseroient encore subsister dans la République un héritage funeste, tôt ou tard, à la pureté de votre gouvernement.

Vous établirez, par une éducation commune forcée, une fraternité entre les citoyens et une égalité que l'on contracte seule pendant l'âge de l'innocence, pendant les institutions de la jeunesse, et dont les traces se retrouvent même dans l'hiver de la vieillesse.

Si, sous de spécieuses couleurs, on cherche à vous alarmer dans cette noble entreprise, qui doit faire des Français un peuple dont l'histoire ne nous offre que de foibles diminutifs, vous vous rappellerez que la République, ayant flétri le modérantisme dans les opinions, les loix qui sont une conséquence nécessaire de l'opinion, doivent sur-tout éviter de porter l'empreinte de ce systême faux, funeste à la patrie, et, par cela même, justement flétri.

Ne pouvant soutenir les opinions de mon frère à la tribune de la Convention, j'ai cru devoir, malgré que son ouvrage fût entre des mains capables d'en faire connoître toute la bonté, publier cet écrit. Je le devois à l'amitié; je le devois à la patrie.

De l'Imprimerie Patriotique et Républicaine, rue Saint-Honoré, N°. 355, vis-à-vis l'Assomption.

www.ingramcontent.com/pod-product-compliance
Lightning Source LLC
LaVergne TN
LVHW010338230826
846091LV00009B/3930

9782019286316